l'école - دبستان   2

le voyage - ڕێوڕه‌سم   5

le transport - گواستنه‌وه‌   8

la ville - بازار   10

le paysage - ته‌بیعه‌ت   14

le restaurant - خواردنگه‌   17

le supermarché - بازار   20

les boissons - قه‌مخواردنه‌وان   22

l'alimentation - خواردن   23

la ferme - جوتگه‌   27

la maison - خانی   31

le salon - ژووری دانیشتن   33

la cuisine - مه‌تبه‌خ   35

la salle de bain - حه‌مام   38

la chambre d'enfant - ژووری مناڵان   42

les vêtements - کنج   44

le bureau - نووسینگه‌   49

l'économie - ئابووری   51

les professions - پرۆفیسیۆن   53

les outils - ئامووران   56

les instruments de musique - ئامووره‌کانی مووزیک   57

le zoo - باخچه‌ی ئاژه‌ڵان   59

les sports - وه‌رزش   62

les activités - چالاکیان   63

la famille - ماڵبات   67

le corps - بده‌ن   68

l'hôpital - نه‌خۆشخانه‌   72

l'urgence - ناجلیمه‌ت   76

la terre - نه‌رد   77

...heure(s) - ساعه‌ت   79

la semaine - هه‌فته‌   80

l'année - ساڵ   81

les formes - شێوه‌   83

les couleurs - ره‌نگان   84

les oppositions - به‌رامبه‌ران   85

les nombres - هه‌ژماران   88

les langues - زمانان   90

qui / quoi / comment - کی / چ / چاوا   91

où - کوو   92

Impressum
Verlag: BABADADA GmbH, Nedderfeld 112 , 22529 Hamburg
Geschäftsführer / Verlagsleitung: Harald Hof
Druck: Books on Demand GmbH, In de Tarpen 42, 22848 Norderstedt

Imprint
Publisher: BABADADA GmbH, Nedderfeld 112 , 22529 Hamburg, Germany
Managing Director / Publishing direction: Harald Hof
Print: Books on Demand GmbH, In de Tarpen 42, 22848 Norderstedt

l'école

دبستان

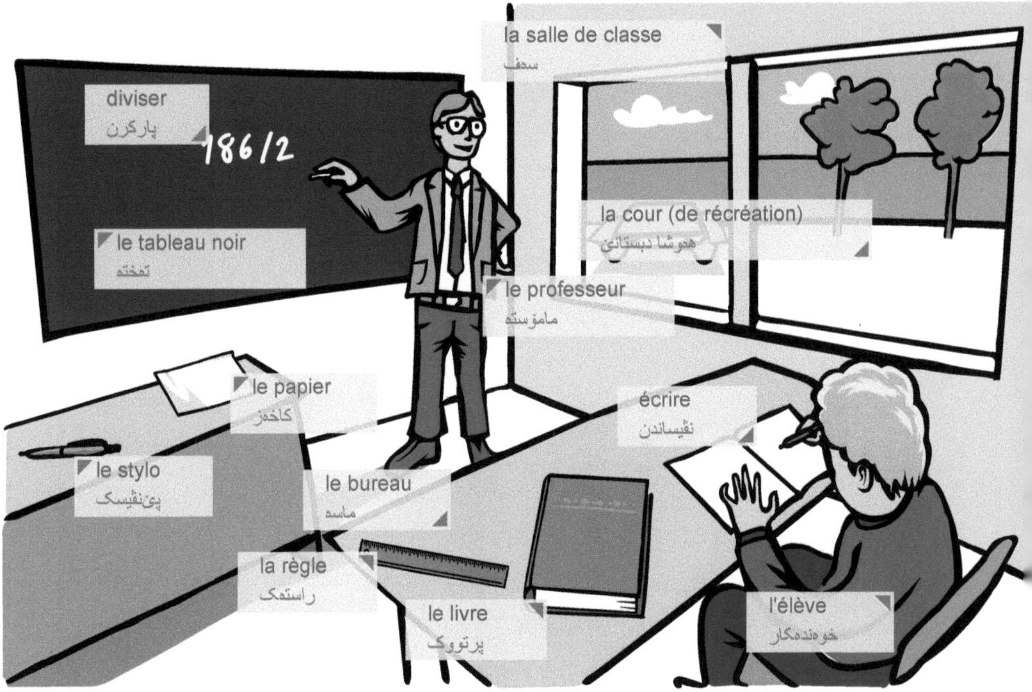
la salle de classe
سەف
diviser
پارکرن
186/2
le tableau noir
تەختە
la cour (de récréation)
هەوشا دبستانێ
le professeur
مامۆستە
le papier
کاخەز
écrire
نڤیساندن
le stylo
پێنڤیسک
le bureau
ماسە
la règle
راستەک
le livre
پرتووک
l'élève
خوەندەکار

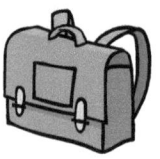

le cartable

چەوال

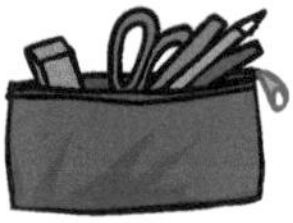

la trousse

قووتی نڤیستۆک

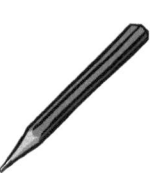

le crayon

قەلەمرساس

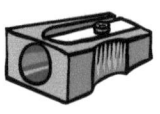

le taille-crayon

نڤیستۆک تووژکر

la gomme

ژێبر

le carnet à dessin

نڤیسکا نیگارێ

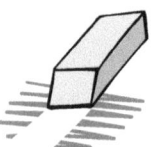

le dessin

نیگار

le pinceau

فرچیا ڕەنگێن

la boîte de peinture

قووتی ڕەنگ

les ciseaux

مەقەس

la colle

لەزاق

le cahier d'exercices

پەرتووکا فێربوون

les devoirs

وەزیفا مالێن

le chiffre

هژمار

additionner

زێدەکرن

soustraire

دەرخستن

multiplier

زێدەکرن

calculer

هەسباندن

la lettre

تیپ

l'alphabet

نالفابه

le mot

پەیڤ

le texte

نڤیسین

lire

خواندن

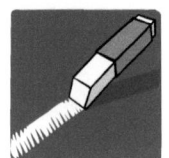

la craie

گەچ

la leçon

دەرس

le livre de classe

قەیدکرن

l'examen

ئیمتیهان

le certificat

شمهاده

l'uniforme scolaire

کنجا دبستانێ

la formation

پەرووەردەهی

le lexique

زانستنامە

l'université

زانینگە

le microscope

میکرۆسکووپ

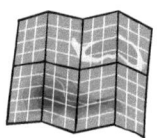

la carte

خەریتە

la corbeille à papier

سەپەتا کاخەزێ

le voyage

رێوێتی

l'hôtel
مێڤانخانه
Grand
l'auberge
مێڤانخانه
ROOMS
CHANGE
le bureau de change
ئۆفیسا پەرە ڤەگوهارتنێ
la valise
جەنتە
la voiture
ماشین

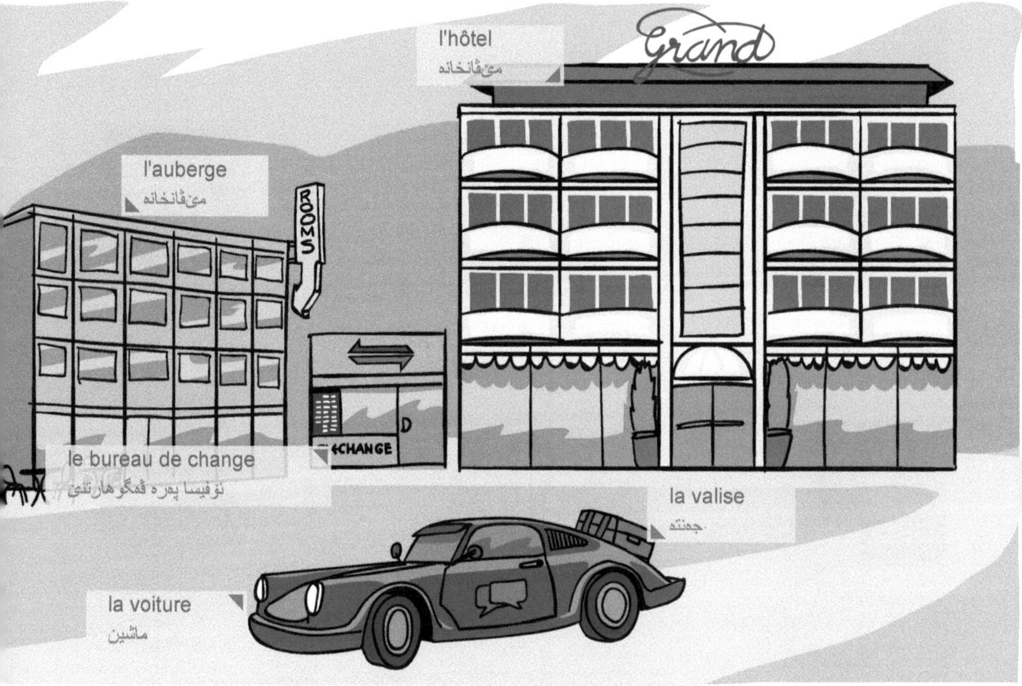

la langue

زمان

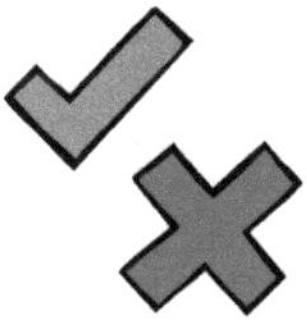

oui / non

بەلێ / نا

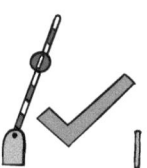

d'accord

باش

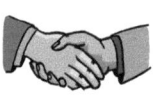

Salut

سلاڤ

l'interprète

وەرگێڕا نڤیسکی

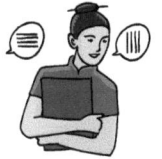

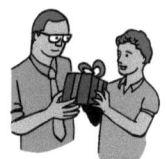

merci

سپاس

Combien coûte...?

بھایێ ... چ قاسه؟

Je ne comprends pas

ئەز فام ناكم

le problème

نارێشه

Bonsoir !

ئێڤارباش!

Bonjour !

سپێدی باش!

Bonne nuit !

شەڤ باش!

Au revoir

خاترێ ته

la direction

نالی

les bagages

هوورمورر

le sac

چەنتا

le sac-à-dos

چەنتا پشت

l'hôte

مێڤان

la pièce

نۆده

le sac de couchage

جامەد خەو

la tente

چادر

l'office de tourisme

ناگاگیرێن گەرزۆکان

la plage

رەمخێن ناڤێ

la carte de crédit

کارتێ قەرزێ

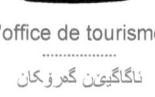

le petit-déjeuner

تاشتێ

le déjeuner

فراڤین

le dîner

شیڤ

le billet

کارت

l'ascenseur

ئاسانسۆر

le timbre

پوول

la frontière

تخووب

la douane

گومرک

l'ambassade

بالیۆزخانه

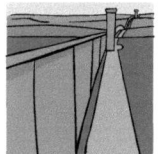

le visa

ڤیزا

le passeport

پاساپۆرت

l'avion
فرۇكه

le navire
گەمى

le véhicule de pompiers
ئوتئۆچۈرگۈچ ماشىنا

le bus
ئوتوبۇس

le camion
كامىئون

bateau à moteur
ماتور قېيىقى

la voiture
ماشىنا

la bicyclette
دۇچەرخە

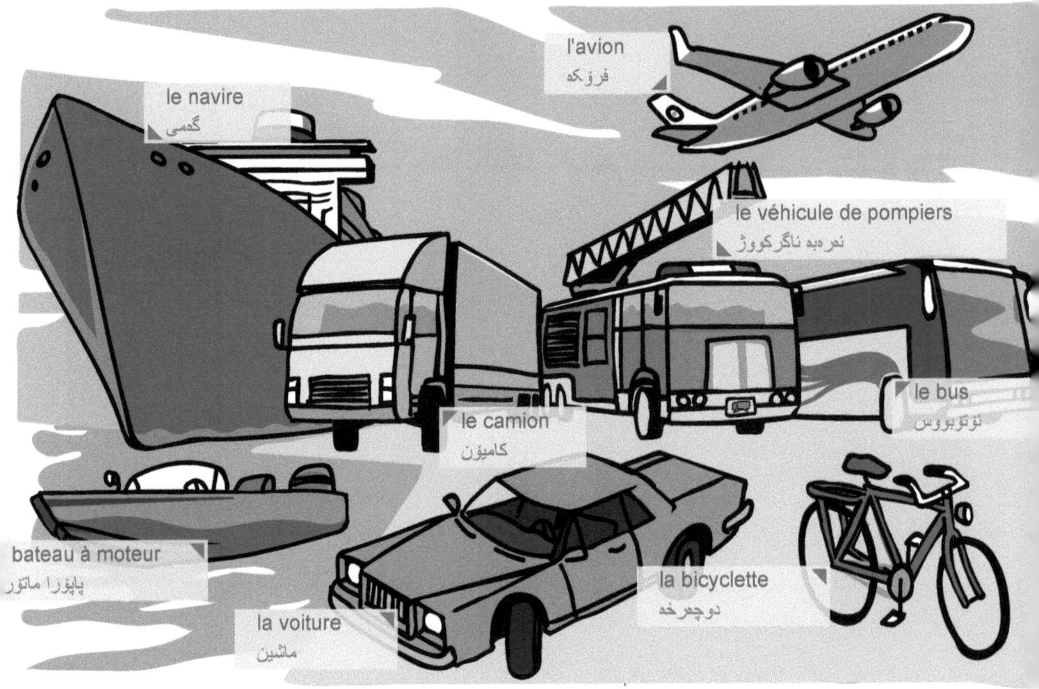

le ferry
پارۇم

la barque
پارۇم

la moto
مۇتۇرسىكلىت

la voiture de police
ساقچى ماشىنىسى

la voiture de course
مۇسابىقە ماشىنىسى

la voiture de location
ئىجارە ماشىنا

l'auto-partage

ماشین پهرفمكرن

la voiture de remorquage

كامیۆنا كشاندنئ

la benne à ordures

كامیۆنا خوملی

le moteur

مۆتۆرسیكلئت

l'essence

مازۆت

la station d'essence

نیستمگهها بهنزینئ

le panneau indicateur

تابلۆیا ترافیكئ

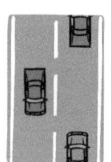

le trafic

هاتنووچوون

l'embouteillage

ترافیك

le parking

جهئ پاركئ

la gare

راوهستهكا ترئنئ

les rails

رێچ

le train

ترێن

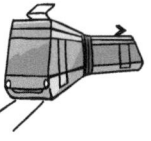

le tramway

ترێنئ كۆلانئ

le wagon

نهردبه

l'hélicoptère

بالابرژوک

l'aéroport

بالافرگمه

la tour

برج

le passager

مسافر

le conteneur

قووتی

le carton

قووتی

le chariot

گرگرۆک

la corbeille

سطلک

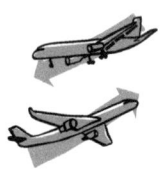

décoller / atterrir

رابوون / نیشتن

la ville

باژار

le village

گوند

le centre-ville

ناوەندا باژارئ

la maison

خانی

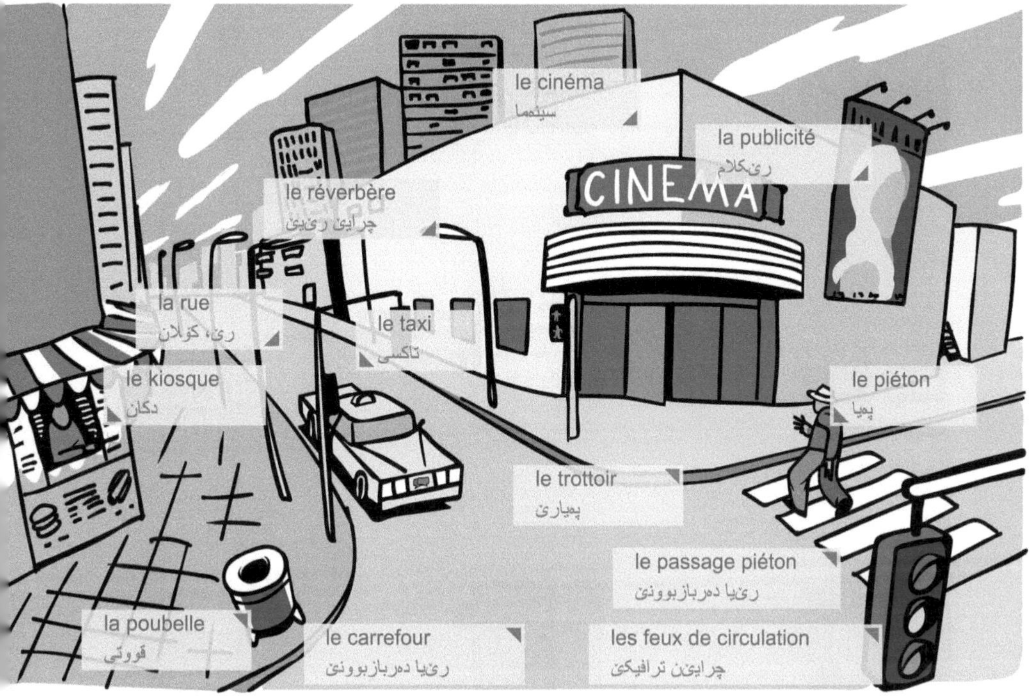

le cinéma
سینما

la publicité
ریکلام

le réverbère
چرای ریئری

la rue
ریئ، کۆلان

le taxi
تاکسی

le kiosque
دکان

le piéton
پیا

le trottoir
پهیاری

le passage piéton
ریئا دهربازبوونئ

la poubelle
قووئی

le carrefour
ریئا دهربازبوونئ

les feux de circulation
چراینن ترافیکئ

la cabane
کۆخ

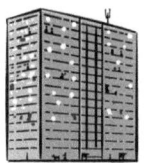

l'appartement
خانئ

la gare
راوهستمکا ترێنئ

la mairie
تهلارا شارهڤانئ

le musée
مووزهخانه

l'école
دبستان

l'université

زانينگە

la banque

بانک

l'hôpital

نەخوشخانە

l'hôtel

مێوانخانە

la pharmacie

دەرمانخانە

le bureau

نۆفیس

la librairie

کتێبفرۆشی

le magasin

دکان

le fleuriste

گولفرۆش

le supermarché

بازار

le marché

بازار

le grand magasin

سوپەرمارکەت

la poissonnerie

ماسیفرۆش

le centre commercial

ناوەندا کڕین

le port

بەندەر

le parc

پارک

la banque

سەکوو

le pont

پر

les escaliers

دەرنجە

le métro

ژێر نەردىن

le tunnel

تووننل

l'arrêt de bus

نیستگەها ئۆتۆبووس

le bar

بار

le restaurant

خوارنگەه

la boîte à lettres

سندووقا پۆستێن

le panneau indicateur

نیشاندەرکا رێین

le parcmètre

مەترا پارکینگێن

le zoo

باخچا هەیوانان

le réverbère

هەوزا مەلەقانى

la mosquée

مزگەفت

la ferme

جۆتگه

la pollution

لموتاندنا دەردۆر

la cimetière

گۆرستان

l'église

كەنيسه

l'aire de jeux

نەردئ لەيستنئ

le temple

پەرستگه

le paysage

تەبيعەت

la feuille
گەلا

le panneau indicateur
نیشاندەرکا رئ

le chemin
رئ

le pré
مەرگ

la pierre
كەفر

l'arbre
دار

le randonneur
گەرزک

la rivière
چەم

l'herbe
گيا

la fleur
كوليلك

la vallée

دۆل

la montagne

گر

le lac

گۆل

la forêt

دارستان

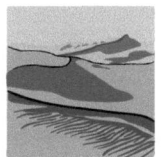

le désert

بیابان

le volcan

ڤۆلکان

le château

کەلمه

l'arc-en-ciel

کەسکەسۆر

le champignon

کڤارک

le palmier

دارقەسپ

le moustique

مخمخک

la mouche

میش

les fourmis

میری

l'abeille

هنگ

l'araignée

پیری

le coléoptère

کیزک

la grenouille

بەق

l'écureuil

سەوور

le hérisson

ژیژۆک

le lièvre

کەروگوه

la chouette

پەپووک

l'oiseau

چڤیک

le cygne

قوو

le sanglier

بەرازی کۆڤی

le cerf

پەزکۆڤی

l'élan

پەزکۆڤی

le barrage

بەنداڤ

l'éolienne

تووربینا با

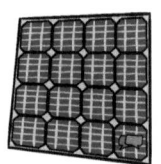

le panneau solaire

پانەلا خۆری

le climat

ناڤ و هەوا

le restaurant
خوارنگەه

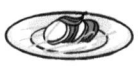

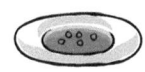

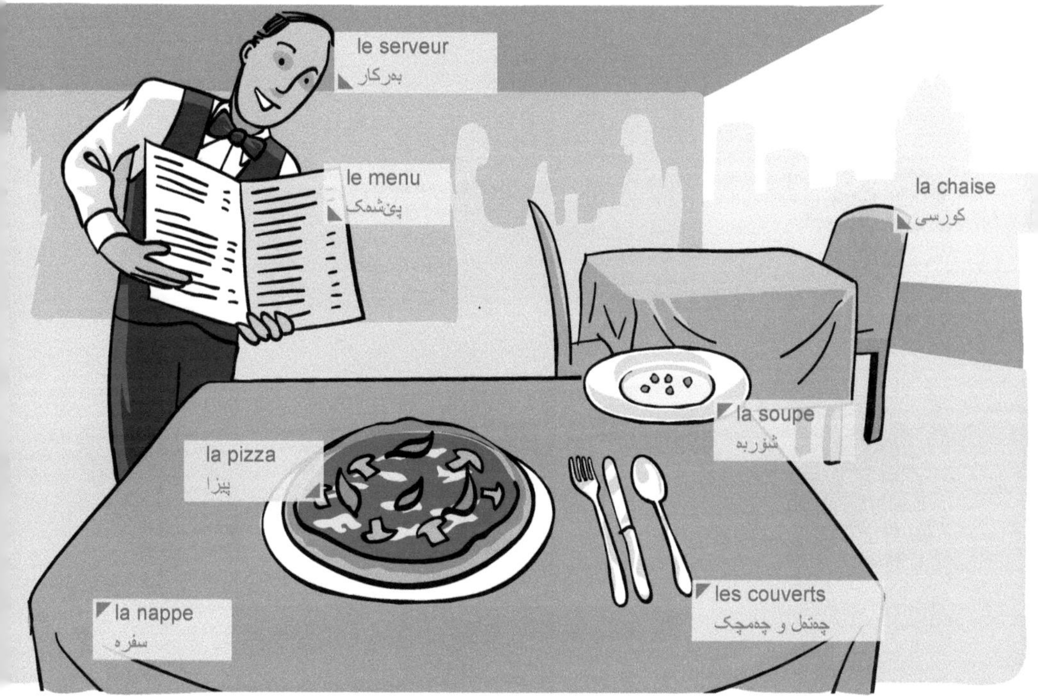

le serveur
بەرکار
le menu
پێشمەک
la chaise
کورسی
la soupe
شۆربە
la pizza
پیزا
les couverts
چەتەل و چەمچک
la nappe
سفرە

les hors d'œuvre
....
خوارنا دەستپێک

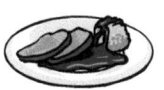

le plat principal
....
خوارنا سەرەکی

le dessert
....
شیرانی

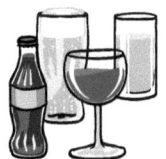

les boissons
....
ڤەخوارنان

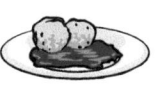

l'alimentation
....
خوارن

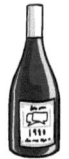

la bouteille
....
جام

le fast-food

خواردنا لەز

les plats à emporter

خواردنا رێيئ

la théière

چايدانک

le sucrier

قووتی شەکری

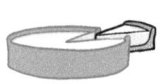

la portion

بەش

la machine à expresso

مەکينا چێکرنئ ئەسپرەسسۆ

la chaise haute

کورسيا بليند

la facture

هەساب

le plateau

سێنی

le couteau

کێر

la fourchette

چمتەل

la cuillère

کەڤچی

la cuillère à thé

کەڤچيا چای

la serviette

پێشگر

le verre

قەدەحە

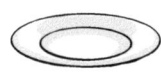

l'assiette

تەیفک

l'assiette à soupe

تەیفکا شۆربە

la soucoupe

پیالە

la sauce

چێنج

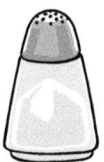

la salière

خوێدانک

le moulin à poivre

قووتی بیبار

le vinaigre

سێک

l'huile

روون

les épices

بهارات

le ketchup

کەتچاپ

la moutarde

موستارد

la mayonnaise

مایۆنێز

le supermarché

بازار

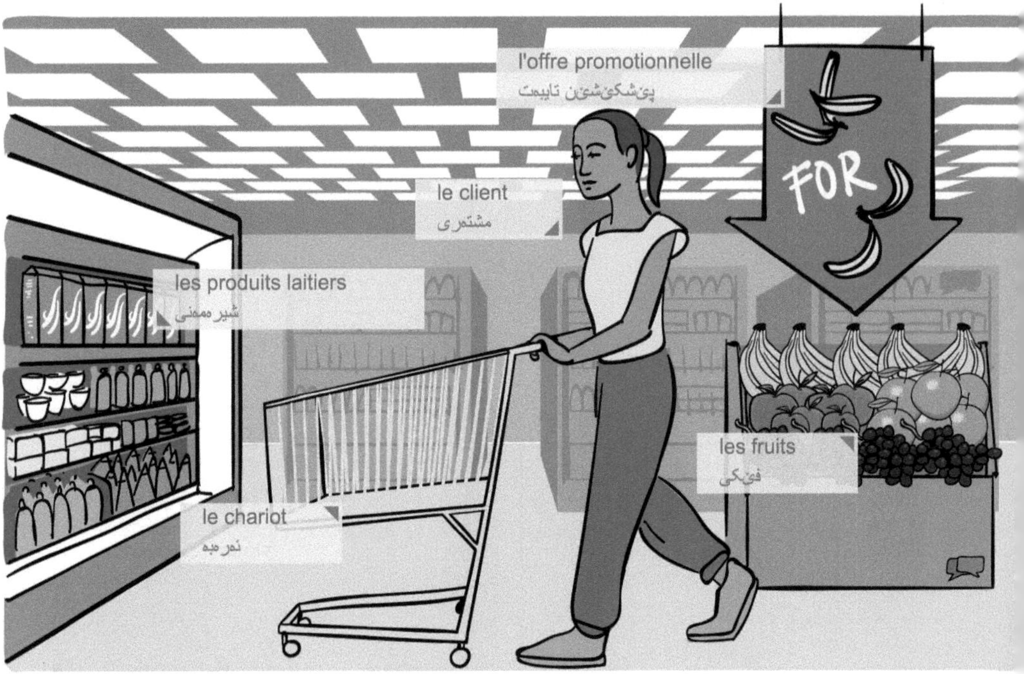

l'offre promotionnelle
پێشکێشێن تایبەت
FOR
le client
مشتەری
les produits laitiers
شیرەمەنی
les fruits
فێکی
le chariot
ئەرەبە

BUTCHERS

la boucherie

قەسابی

BAKERY

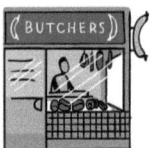

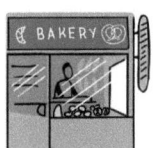

la boulangerie

دکانا نانپێژ

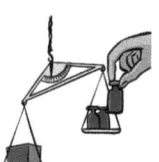

peser

وەزن کرن

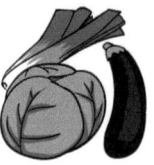

les légumes

سەبزە

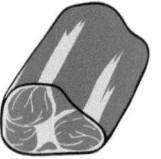

la viande

گۆشت

les aliments surgelés

خوارنێ جەمەدی

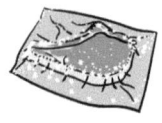

la charcuterie

گۆشتی سار

les conserves

خوارنا پێلئ

la poudre à lessive

خوباری پاقژکرنئ

les bonbons

شرینی

les articles ménagers

بەرهەمێن ناڤخۆیی

les détergents

بەرهەمێن پاقژکرنئ

la vendeuse

فرۆشیار

la caisse

خەزنۆک

le caissier

دراڤگر

la liste d'achats

لیستا کرینئ

les heures d'ouverture

دەمێن قەمکری

le portefeuille

جزدان

la carte de crédit

کارتئ قەرزی

le sac

چەوال

le sac en plastique

چەنته

l'eau

ناڤ

le jus de fruit

شەربەت

le lait

شیر

le coca

كۆمر

le vin

شەراب

la bière

بیرا

l'alcool

ئالكۆل

le chocolat chaud

كاكۆ

le thé

چای

le café

قەهوە

l'expresso

ئەسپرەسسۆ

le cappuccino

كاپۆچینۆ

la banane
....
مۆز

la pomme
....
سێڤ

l'orange
....
پرتەقاڵی

le melon
....
گوندۆر

le citron.
....
لیمۆن

la carotte
....
گێزەر

l'ail
....
سیر

le bambou
....
قامر

l'oignon
....
پیڤاز

le champignon
....
قارچک

les noisettes
....
گوێز

les pâtes
....
شهیره

les spaghetti

سپاگێتتى

le riz

برنج

la salade

سەلەتە

les pommes frites

چیپس

les pommes de terre rôties

پەتەتەیا براشتى

la pizza

پیزا

le hamburger

هامبورگەر

le sandwich

نانۆک

l'escalope

گۆشتێ ستوویی بەرخى

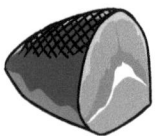

le jambon

گۆشتێ هشككرى

le salami

سالامى

la saucisse

سۆسیس

le poulet

مریشک

le rôti

بژارتن

le poisson

ماسى

les flocons d'avoine

شۆربە بلوول

le muesli

مووسلی

les cornflakes

کەرتۆێن گلگلان

la farine

نارد

le croissant

جرۆسسانت

les petits-pains

سەموون

le pain

نان

le pain grillé

تۆست

les biscuits

نانک

le beurre

نۆێشک

le fromage blanc

ماست

le gâteau

کولیچە

l'œuf

هۆێک

l'œuf au plat

هۆێکا قەلاندی

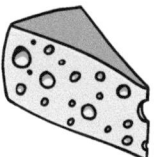

le fromage

پەنیر

la glace

دۆندرمه

le sucre

شەکر

le miel

هەنگ

la confiture

مرەبا

la crème nougat

خامەیا نۆوگات

le curry

کەری

la ferme

جۆتگەه

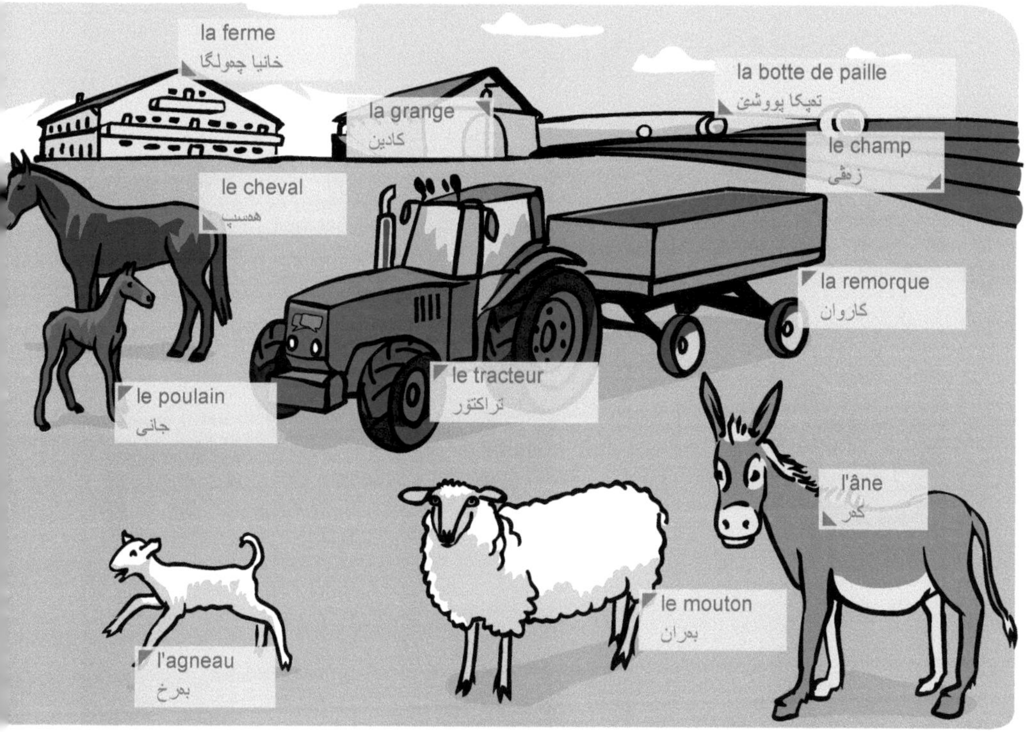
la ferme
خانیا چەولگا
la grange
کادین
la botte de paille
تەپکا پووشی
le champ
زەڤی
le cheval
هەسپ
la remorque
کاروان
le tracteur
تراکتۆر
le poulain
جانی
l'âne
کەر
le mouton
بەران
l'agneau
بەرخ

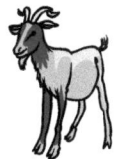

la chèvre

بزن

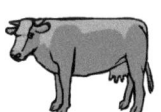

la vache

چێلەک

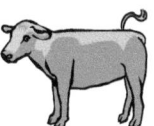

le veau

گۆلک

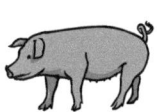

le porc

بەراز

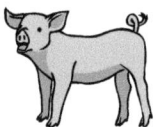

le porcelet

خنزیرک

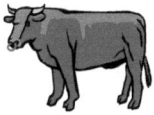

le taureau

بۆخە

l'oie

قاز

le canard

مراڤی

le poussin

جووچک

la poule

مریشک

le coq

کەڵەشێر

le rat

جرج

le chat

کتک

la souris

مشک

le bœuf

گا

le chien

کووچک

le chenil

خانیا کووچکێ

le tuyau de jardin

خانی باخێ

l'arrosoir

قووتیکا ئاڤدانێ

la faucheuse

شالووک

la charrue

گاسن

la faucille

داس

la pioche

مەریێر

la fourche

دارساپک

la hache

بڵر

la brouette

دەستگەرە

la cuve

قووتی خوارنا جانداران

le pot à lait

قووتی شیر

le sac

توور

la clôture

چەپەر

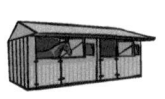

l'étable

ناخور

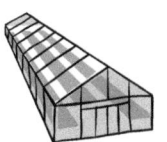

le serre

خانا کولیلکان

le sol

ناخ

les semences

دەمەندک

l'engrais

پەیین

la moissonneuse-batteuse

کۆمباین

récolter

ز اد

la récolte

ز اد

l'igname

پەتەتە

le blé

گەنم

le soja

فاسۆلى

la pomme de terre

پەتەتە

le maïs

دەخل

le colza

دندك

l'arbre fruitier

دارى فێنكى

le manioc

سێڤێ بن ئەردى

les céréales

ز اد

la maison

خانى

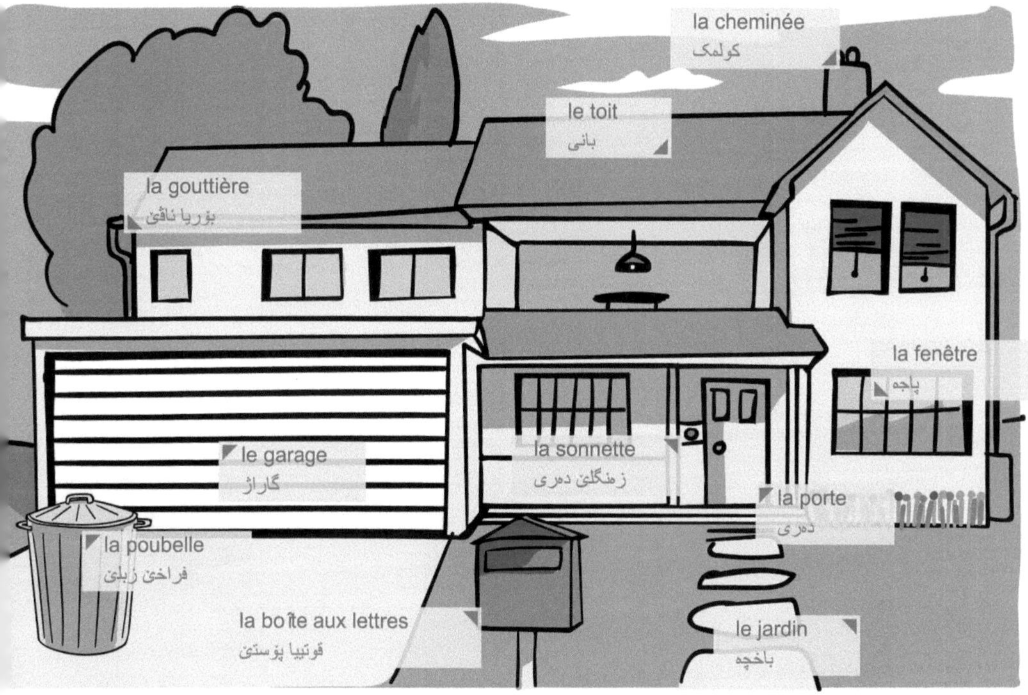

la cheminée
کولمک
le toit
بانی
la gouttière
بۆریا ناڤێ
la fenêtre
پاجه
le garage
گاراژ
la sonnette
زەنگلێ دەری
la porte
دەری
la poubelle
فراخێ زبلێ
la bo îte aux lettres
قوتیا پۆستێ
le jardin
باخچه

le salon

ئۆدا روونشتنێ

la salle de bain

هەمام

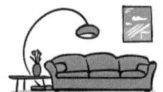

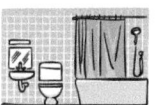

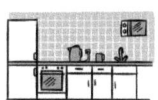

la cuisine

مەتبەخ

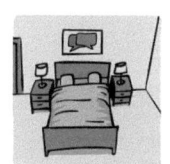

la chambre à coucher

ئۆدا خەوێ

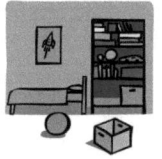

la chambre d'enfant

ئۆدەیا زاروک

la salle à manger

ئۆدا شیڤێ

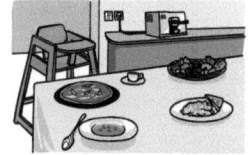

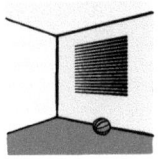

le sol

بنی

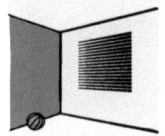

le mur

ديوار

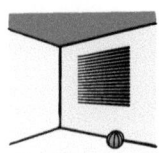

le plafond

بهربان

la cave

خەنزک

le sauna

ساونا

le balcon

بالكۆن

la terrasse

بەردانک

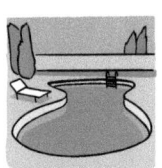

la piscine

هەوزا مەلەڤانێ

la tondeuse à gazon

چيمەن بڕ

la housse

مەلەهەفە

la couette

بەتانی

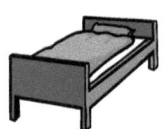

le lit

نڤێن

le balai

گەزک

le sceau

ساتل

l'interrupteur

كليل

le salon
ئۆدا روونشتنێ

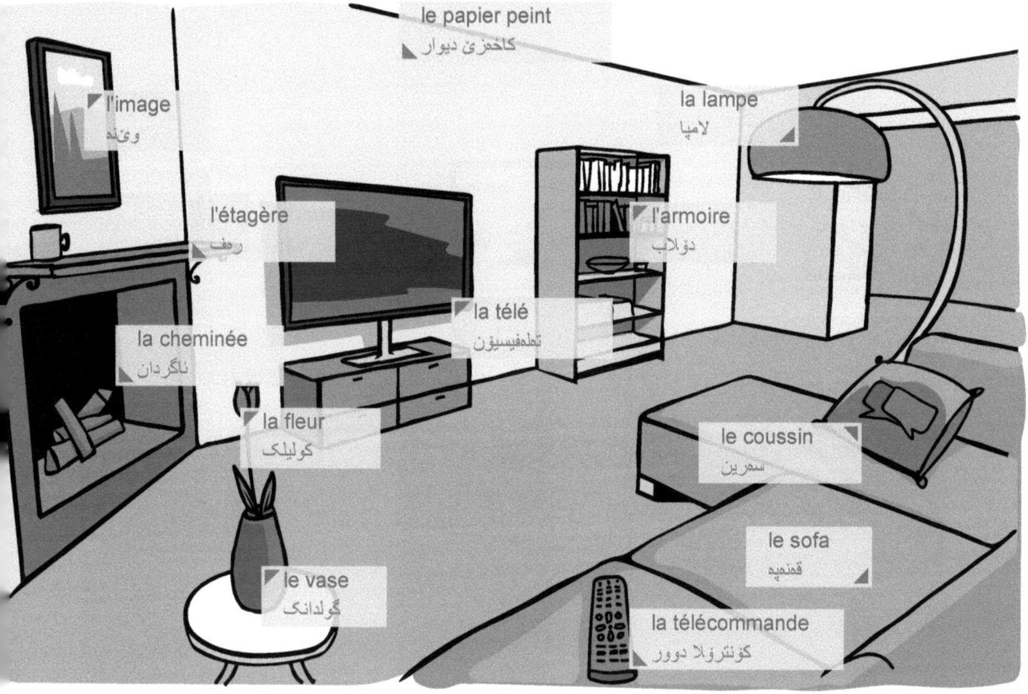
le papier peint
کاخەزێ دیوار
l'image
وێنە
la lampe
لامپا
l'étagère
رەف
l'armoire
دۆلاب
la télé
تەلەفیسیۆن
la cheminée
ئاگردان
la fleur
کولیلک
le coussin
سەرین
le sofa
قەنەپە
le vase
گولدانک
la télécommande
کۆنترۆلا دوور

le tapis

خالیچە

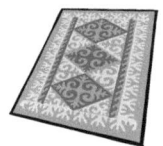

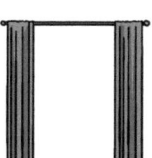

le rideau

پەردە

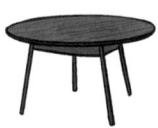

la table

مێز

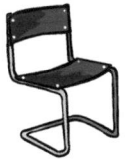

la chaise

کورسی

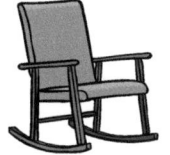

la chaise à bascule

کورسیا هەژانۆک

le fauteuil

کورسی

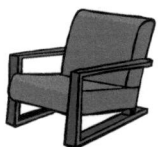

le livre

پرتووک

la couverture

بەتانیی

la décoration

خەملاندن

le bois de chauffage

ئێزنگ

le film

فیلم

la chaîne hi-fi

هـ‌ف

la clé

کلیل

le journal

ڕۆژنامە

la peinture

نیگار

le poster

پۆستەر

la radio

رادیۆ

le bloc-notes

دەفتەر

l'aspirateur

سڕ‌ینەکا نلمەکترۆیکی

le cactus

کاکتووس

la bougie

مۆم

la cuisine
مەتبەخ

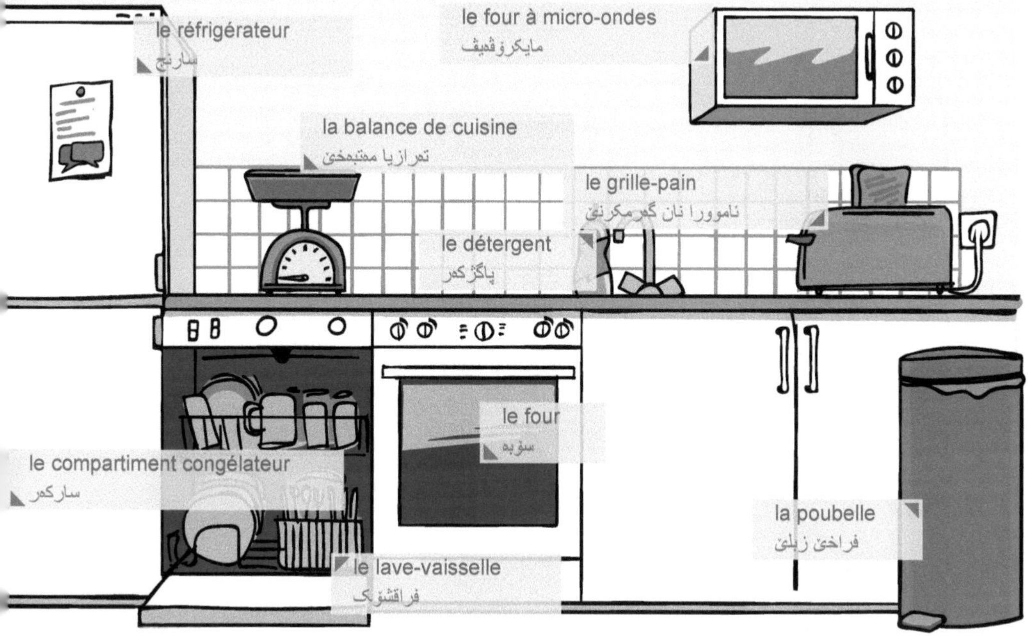

le réfrigérateur
سارنج
le four à micro-ondes
مایکرۆڤەیڤ
la balance de cuisine
تەرازیا مەتبەخێ
le grille-pain
ئامووریا نان گەرمکرنێ
le détergent
پاگژکەر
le four
سۆبە
le compartiment congélateur
سارکەر
la poubelle
فراخێ زبلێ
le lave-vaisselle
فراقشۆک

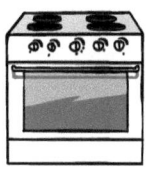

le four

سۆبە

la casserole

ئامان

la marmite

ئامای ئووتوو

le wok / kadai

فراقێ مەزن

la poêle

دیزک

la bouilloire electrique

کەلینک

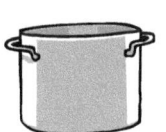

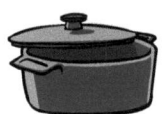

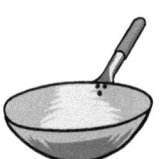

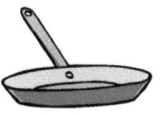

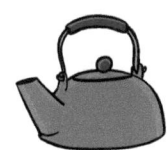

le cuiseur vapeur

فراقێ هلمئ

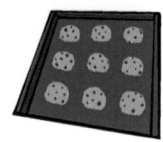

la plaque de cuisson

سێنى نانئ

la vaisselle

فراق

le gobelet

پیاله

la coupe

كاسك

les baguettes

دارئ نانخوارن

la louche

همسك

la spatule

كمڤچیا مەزن

le fouet

رينمك

la passoire

كەفگیر

le tamis

بێژنگ

la râpe

رێشكەر

le mortier

دەستار

le barbecue

براشتن

la cheminée

ئاگرێ ڤالا

la planche à découper

تەختەیا برینێ

le rouleau à pâtisserie

داركێ تیرێ

le tire-bouchon

دەفك بادەك

la boîte

قووتی

l'ouvre-boîte

قووتیڤەكر

les maniques

جاوی ئامانان

le lavabo

دەستشۆ

la brosse

فرچه

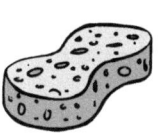

l'éponge

پارازۆ

le mixeur

تەهدێر

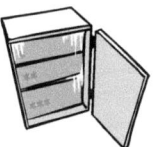

le congélateur

ساركرێ جەمەدی

le biberon

شووشه بەبكان

le robinet

هەنەفی

la salle de bain

هەمام

la douche
دووش
le chauffage
گەرمژانک
la serviette
خاولی
le rideau de douche
پەردەیا هەمامێ
le bain moussant
کەفێ هەمام
la baignoire
هەوزا هەمام
le verre
قەدەح
la machine à laver
جلشۆک
le robinet
هەنەفی
le carrelage
ئاجوور
le pot
توالەتا زارۆکان
le lavabo
دەستشۆ

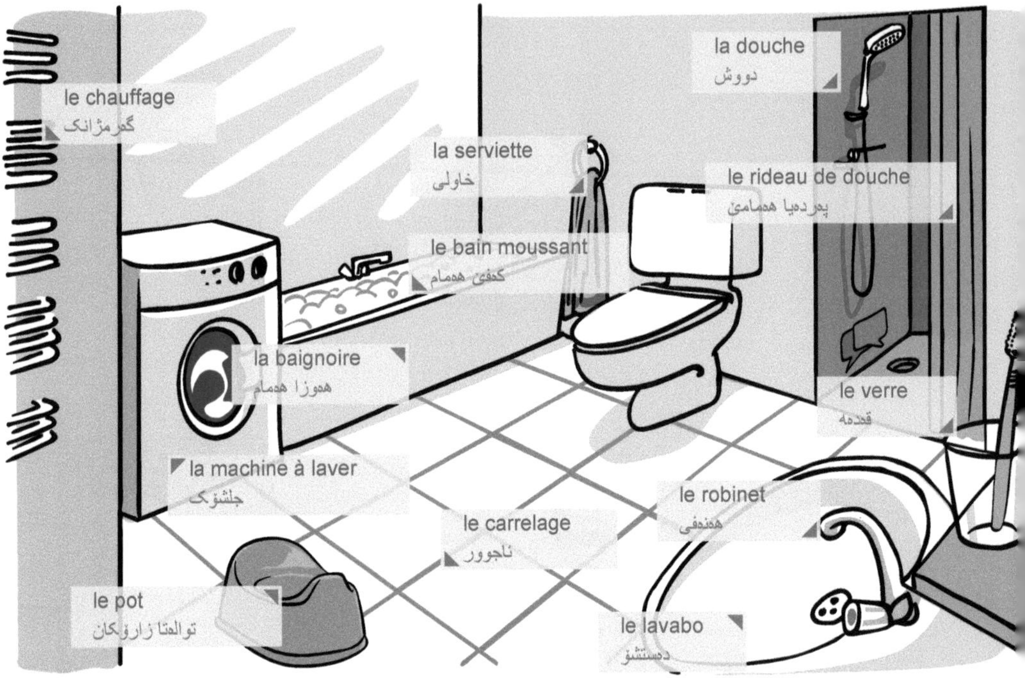

les toilettes

توالەت

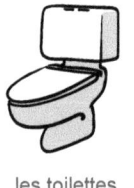

la toilette à la turque

توالەتا ئەردێ

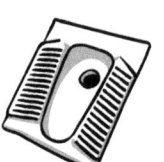

le bidet

توالەت

l'urinoir

ناڤدەستخانا مێران

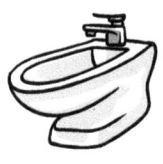

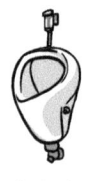

le papier toilette

کاخەزا توالەت

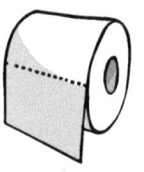

la brosse à toilette

فرشەیا توالەت

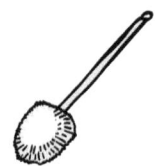

la brosse à dents

فرچهیا دران

le dentifrice

مهجوونا دران

le fil dentaire

نمخا ددان

laver

شووشتن

la douche manuelle

دووشئ دهستئ

la douche intime

دووش

la vasque

دهستشۆ

la brosse dorsale

فرچا پشت

le savon

سابوون

le gel douche

جئلئ هدمام

le shampooing

شامپۆ

le gant de toilette

فانیلە

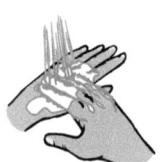

l'écoulement

زئراب

la crème

کرئم

le déodorant

بێهن خوشکر

le miroir

مرێک

le miroir cosmétique

مرێکا دهستێ

le rasoir

گووزان

la mousse à raser

کهفێ تهراشینێ

l'après-rasage

ممجوونا پشتی تهراشینێ

la peigne

شهه

la brosse

فرچه

le sèche-cheveux

پۆر هیشککر

la laque pour cheveux

سپرایا پۆری

le fond de teint

کۆزمهتیک

le rouge à lèvres

سۆرافک

le vernis à ongles

رهنگێ نینۆک

l'ouate

پهمبوو

le coupe-ongles

مهقهستا نینۆک

le parfum

پارفووم

la trousse de toilette

چموالئ هممامئ

le tabouret

کورسیا بێشت

le pèse-personne

تەرازی

le peignoir

کنجا هممامئ

les gants de nettoyage

لمپکا لاستیکئ

le tampon

تامپۆن

es serviettes hygiéniques

خاولیا پاقژکرنئ

la toilette chimique

توالەتا کیمییدوی

la chambre d'enfant

ئۆدەیا زارۆک

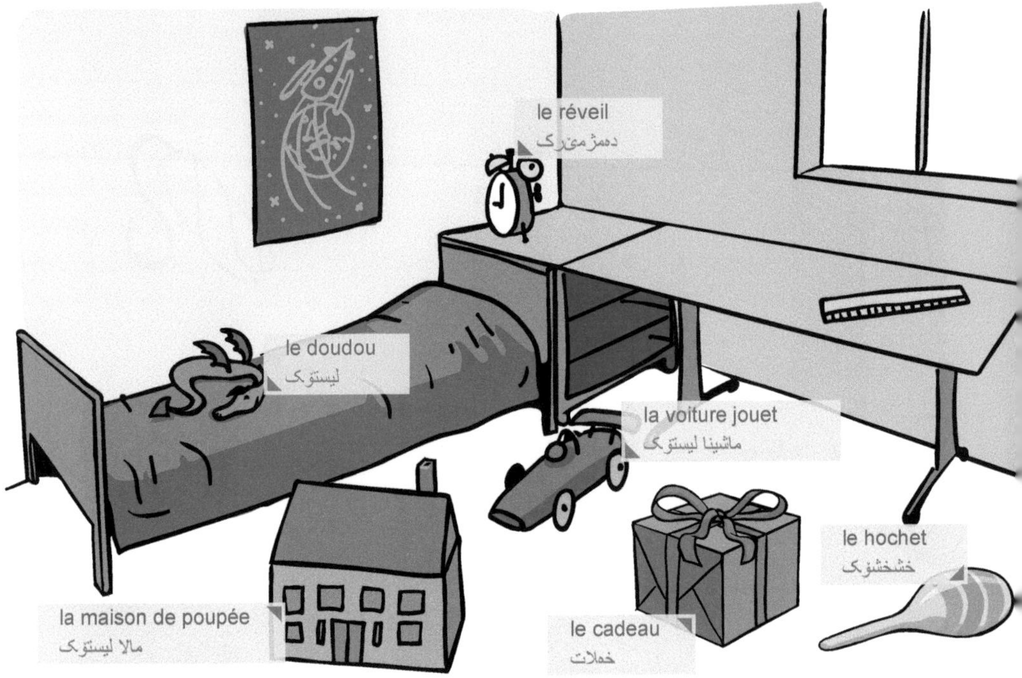

le réveil
دەمژمێرک
le doudou
لیستۆک
la voiture jouet
ماشینا لیستۆک
la maison de poupée
مالا لیستۆک
le cadeau
خەلات
le hochet
خشخشۆک

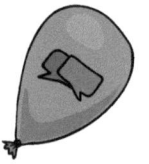

le ballon
....
پفدانک

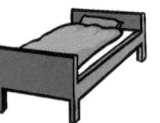

le lit
....
نڤین

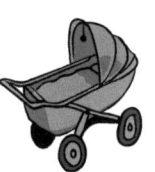

la poussette
....
کۆچک

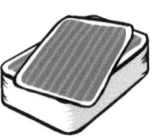

le jeu de cartes
....
لیستکا کارتێ

le puzzle
....
فریزبی

SUPER MEGA

la bande dessinée
....
کۆمیک

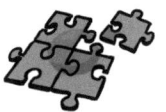

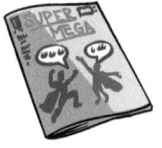

les pièces lego

ناجوورا لێگۆ

les blocs de construction

ناجوورا لیستۆک

la figurine

بووکە شوۆشە

la grenouillère

كنجا بەبكان

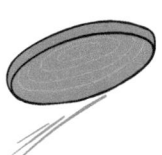

le frisbee

فرزبێ

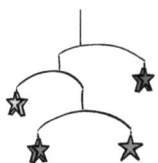

le mobile

قەگۆ هەمستن

le jeu de société

لیستكەێن تەختە

le dé

مۆر

le train miniature

مۆدێلا ترێنێ

la sucette

مەمک

la fête

جەژن

le livre d'images

كتێبا وێنه

la balle

تۆپ

la poupée

بووکە شوۆشە

jouer

لەییستن

le bac à sable

کونا خیزێ

la balançoire

جۆلانه

les jouets

لیستۆکان

la console de jeu

لیستكا ڤیدۆزیی

le tricycle

سێچەرخه

l'ours en peluche

هرچا لیستۆک

l'armoire

جلدانک

les vêtements

کنج

les chaussettes

گۆره

les bas

گۆره

le collant

دەرپێگۆرێ

l'écharpe
شال

la ceinture
قایش

le parapluie
چەتر

le t-shirt
کراس

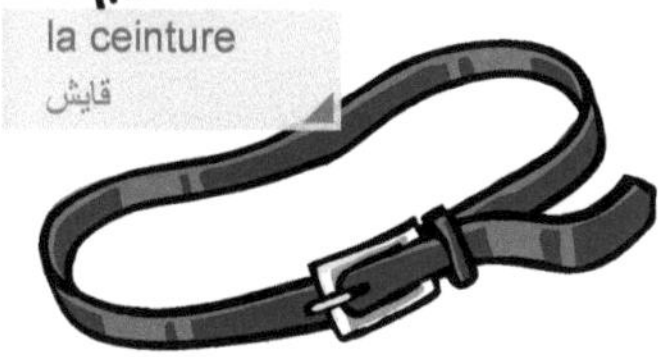

les bottes
شمکال

les pantoufles
سۆلکێ ناڤ مالێ

les baskets
سۆلک

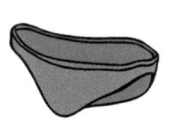

les sandales

سۆلک

les chaussures

سۆل

les bottes de caoutchouc

پۆتینا چەرمی

les sous-vêtements

پانتۆلێ ژێر

le soutien-gorge

پێسیربەند

le maillot de corps

چمکبەند

le body

جەندەک

le pantalon

پانتۆل

le jean

ژ مانس

la jupe

دامان

le chemisier

کراس

la chemise

کراس

le pull

فانێڵه

le sweat à capuche

فانێڵه

la veste

جاکێت

la veste

ساکۆ

le manteau

چاکمت

l'imperméable

بارانی

le costume

لەباس

la robe

فیستان

la robe de mariée

جلئ داوەتئ

le costume
چاکیت

la chemise de nuit
پێجامە

le pyjama
پێجامە

le sari
ساری

le foulard
لەچک

le turban
مێزەر

la burqa
هەرام

le caftan
کافتان

l'abaya
نەبا

le maillot de bain
کنجا ئاژنئکرن

le maillot de bain
جلکا ملەڤانی

le short
شۆرت

la tenue d'entraînement
جلا هەنۆژکاری

le tablier
پێشمال

les gants
لەپک

le bouton

دوو گمه

les lunettes

بەرچاڤك

le bracelet

بازن

le collier

گەردنى

la bague

گوستیل

la boucle d'oreille

گوهارک

le bonnet

دەفک

le cintre

هلاڤستمک

le chapeau

کووم

la cravate

کراوات

la fermeture éclair

زیپ

le casque

سەرپارێز

les bretelles

دەرزى

l'uniforme scolaire

کنجا دبستانى

l'uniforme

یوونیفۆرم

le bavoir

بەردلک

la sucette

مەمک

la lange

پونداخ

le bureau

ئۆفیس

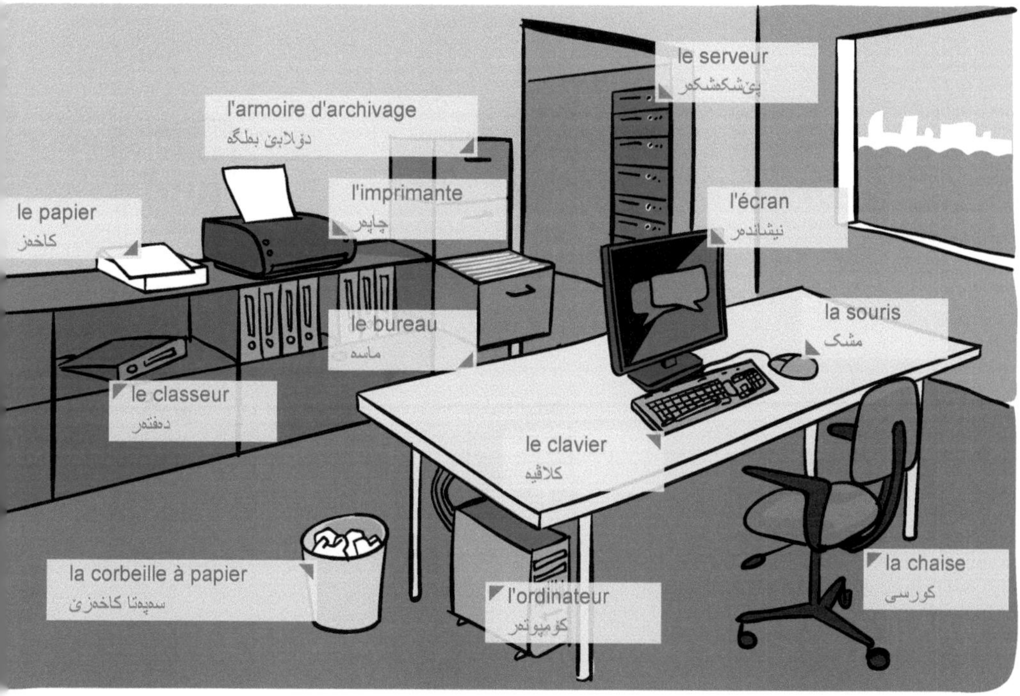

le serveur
پێشکەشکەر

l'armoire d'archivage
دۆلابی بەلگە

l'imprimante
چاپەر

le papier
کاخەز

l'écran
نیشاندەر

la souris
مشک

le bureau
مێسە

le classeur
دەفتەر

le clavier
کلاڤیه

la corbeille à papier
سەپەتا کاخەزی

l'ordinateur
کۆمپیوتەر

la chaise
کورسی

la tasse de café

کاسکا قەهوه

la calculatrice

هەسابگەر

l'internet

ئینتەرنەت

l'ordinateur portable

كۆمپيوتېرا لاپتوپ

la lettre

نامه

le message

پەيام

le portable

تەلەفۆنا مۆبيل

le réseau

تۆر

la photocopieuse

مەكينا فۆتوكۆپى

le logiciel

سۆفتوارە

le téléphone

تەلەفۆن

la prise

سۆجكەتا فيشمك

le fax

مەكينا فاخئ

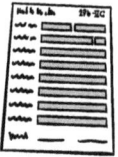

le formulaire

فۆرم

le document

بەلگە

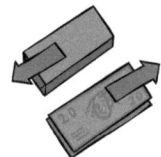

acheter

كرين

payer

پەرە دان

faire du commerce

بازرگانى

la monnaie

پەرە

le dollar

دۆلار

l'euro

يۆرۆ

le yen

يېنئ ژاپۆنئ

le rouble

رۆبلئ رووسى

le franc suisse

فرانكئ سويسىئ

le renminbi yuan

يوانئ چينئ

la roupie

رووپى هندى

le distributeur automatique

ممكينا ژخوەبەرا دراڤ

le bureau de change

نۆفیسا پەرە قەگۆھارتنێ

l'or

زێڕ

l'argent

زیڤ

le pétrole

نەفت

l'énergie

وزە

le prix

بھا

le contrat

پەیمان

la taxe

باج

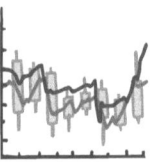

l'action

سەهام

travailler

کارکرن

l'employé

کارکەر

l'employeur

کاردا

l'usine

فابریکا

le magasin

دکان

les professions

پرۆفەسیۆن

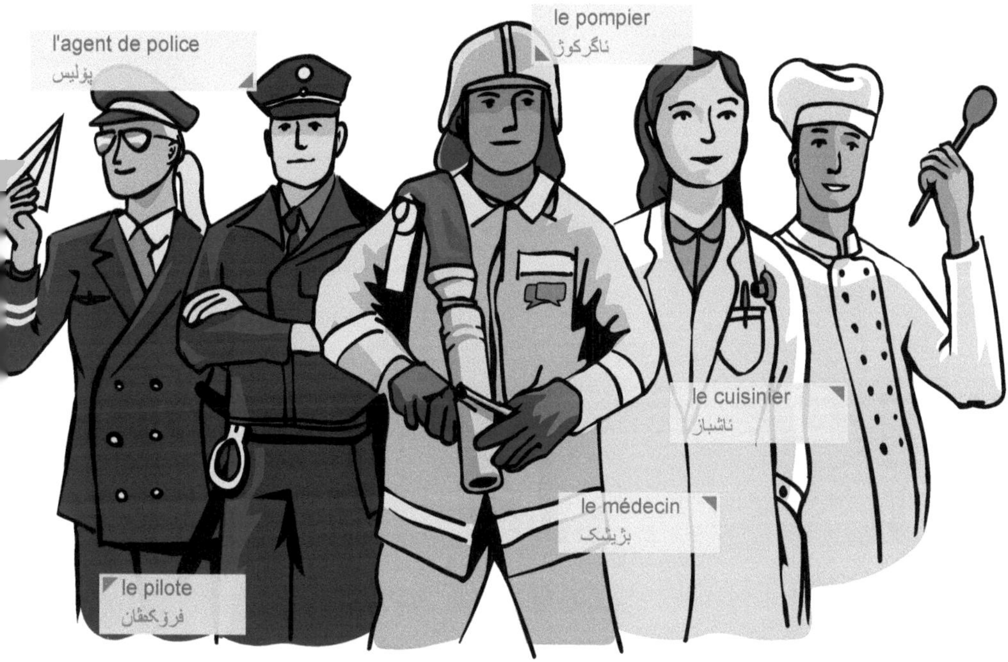

l'agent de police
پۆلیس
le pompier
ئاگرکوژ
le cuisinier
ئاشباز
le médecin
بژیشک
le pilote
فرۆکەڤان

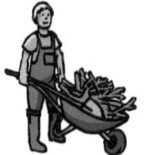

le jardinier

باخچەڤان

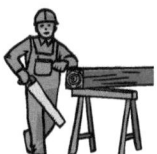

le menuisier

نەجار

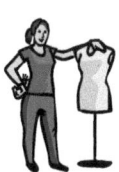

la couturière

دروونڤان

le juge

هاکم

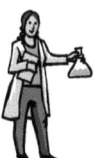

le chimiste

شیمیازان

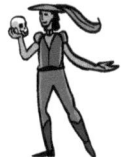

l'acteur

شانۆگەر

le conducteur de bus

شوفێری باسێ

le chauffeur de taxi

شوفێرمکی تاکسیێ

le pêcheur

ماسیقان

la femme de ménage

پاگژکەر

le couvreur

چێنکرێ بانی

le serveur

بەرکار

le chasseur

نێچرقان

le peintre

رەنگرێس

le boulanger

نانپێژ

l'électricien

کارەباقان

l'ouvrier

ناقاکەر

l'ingénieur

ئەندمزیار

le boucher

قەساب

le plombier

لوولەمکار

le facteur

پۆستەقان

le soldat

نمسكەر

l'architecte

میمار

le caissier

درافگر

le fleuriste

فرۆتکارا چیچەکان

le coiffeur

پۆرچنکەر

le contrôleur

ناژۆڤان

le mécanicien

مەکانیک

le capitaine

کەشتیڤان

le dentiste

پزیشکا ددانان

le scientifique

زانستیار

le rabbin

رووهان

l'imam

ئیمام

le moine

کەشە

le prêtre

کەشیش

les outils

ئامووران

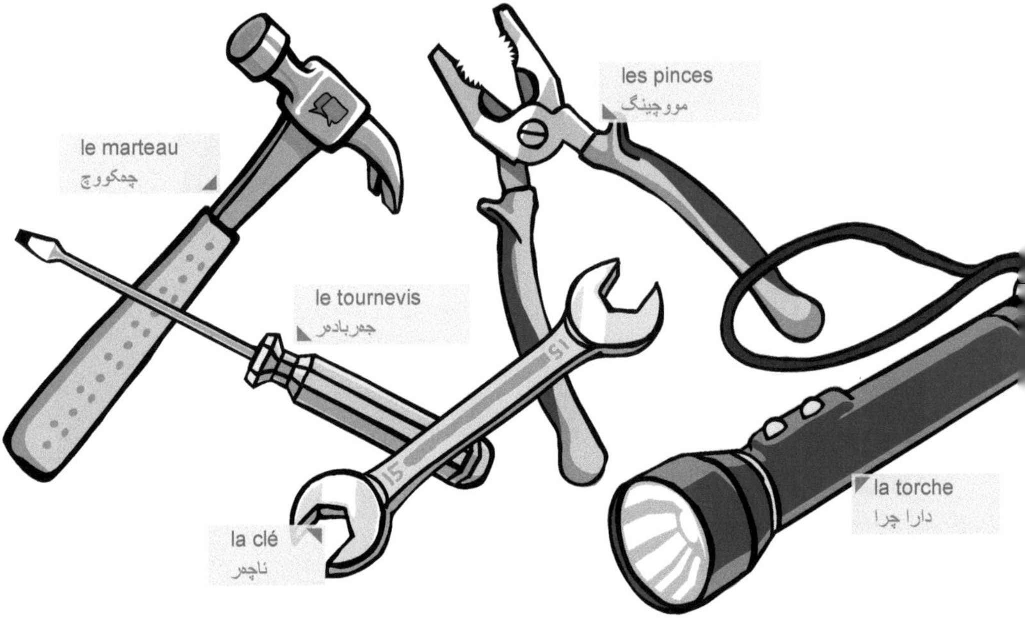

le marteau
چەکووچ
les pinces
مووچینگ
le tournevis
جەربادەر
la clé
ئاچەر
la torche
دارا چرا

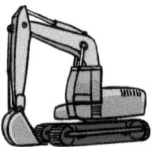

la pelleteuse

شۆفەل

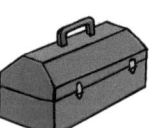

la boîte à outils

قووتیا ئامووران

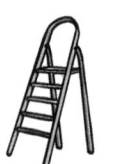

l'échelle

پەیژە

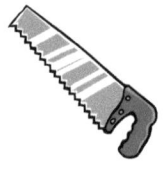

la scie

مشار

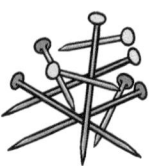

les clous

میخ

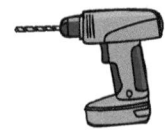

la perceuse

قولکرن

réparer

چۆنکرن

la pelle

مەربێژ

Mince !

نالەت!

la pelle

بێل

le pot de peinture

قووتیا رەنگێن

les vis

جەر

les instruments de musique

ئاموورێن مووزیکێ

le haut-parleurs
بلیندگۆ

la batterie
کۆمئ دەهۆل

la guitare
گیتار

la contrebasse
جۆرەیا گیتار

la trompette
زرنا

le piano

پیانۆ

le violon

ڤیۆلین

la basse

باس

les timbales

دەهۆڵ

le tambour

داهۆل

le piano électrique

کەپیۆارد

le saxophone

ساکسۆفۆن

la flûte

بلوور

le microphone

میکرۆفۆن

le zoo

باخچا هەیوانان

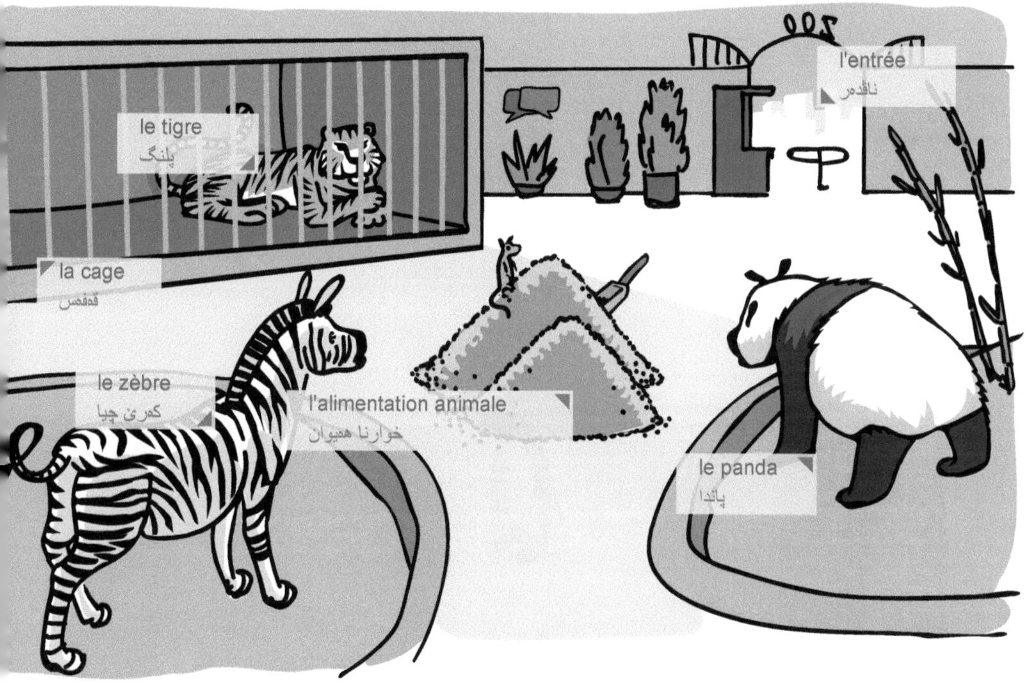
l'entrée
ناڤدەر
le tigre
پلنگ
la cage
قەفەس
le zèbre
کەرێ چیا
l'alimentation animale
خوارنا هەیوان
le panda
پاندا

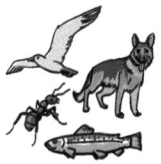

les animaux

هەیوان

l'éléphant

فیل

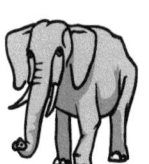

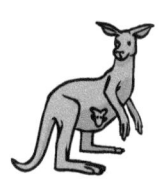

le kangourou

کانگاروو

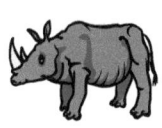

le rhinocéros

کەرکەدەن

le gorille

گۆریل

l'ours

هرچ

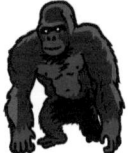

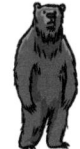

le chameau

هێشتر

l'autruche

هێشترمه

le lion

شێر

le singe

مه‌یموون

le flamand rose

فلامینگۆ

le perroquet

پاپاخان

l'ours polaire

هرچا جه‌مسه‌ری

le pingouin

په‌نگوین

le requin

سه‌ماسی

le paon

تاووس

le serpent

مار

le crocodile

تمساح

le gardien de zoo

پاریزه‌ر با باخچا ناژاڵان

le phoque

سه‌یا ده‌ریا

le jaguar

پلنگ

le poney

همسپ

le léopard

پلنگ

l'hippopotame

ھەسپی رووبار

la girafe

جانەیشتر

l'aigle

ھەلۆ

le sanglier

بەرازی کۆڤی

le poisson

ماسی

la tortue

کووسی

le morse

والڕاس

le renard

رۆڤی

la gazelle

خەزال

l'american Football
فووتبۆلئ ئامەریکا

le cyclisme
بیسکلێتان

le tennis
تەنیس

le basket-ball
باسکێتبۆل

la natation
ئاوژەنیکرن

la boxe
بۆخنگ

le hockey sur glace
هۆکەیا سەر جەمەدئ

le football
فووتبۆل

le badminton
بادمنتۆن

l'athlétisme
یێ ناتلەتیزرمئ

le handball
هەمندبۆل

le ski
بەفراژۆتن

le polo
پۆلۆ

les activités

چالاکیان

rire
کەنین
sauter
هلپەکە
embrasser
هەمبێز
marcher
بڕێڤەچوون
chanter
لاوژە گوتن
rêver
خەون دیتن
prier
نمێژ کرن
faire la bise
ماچکرن

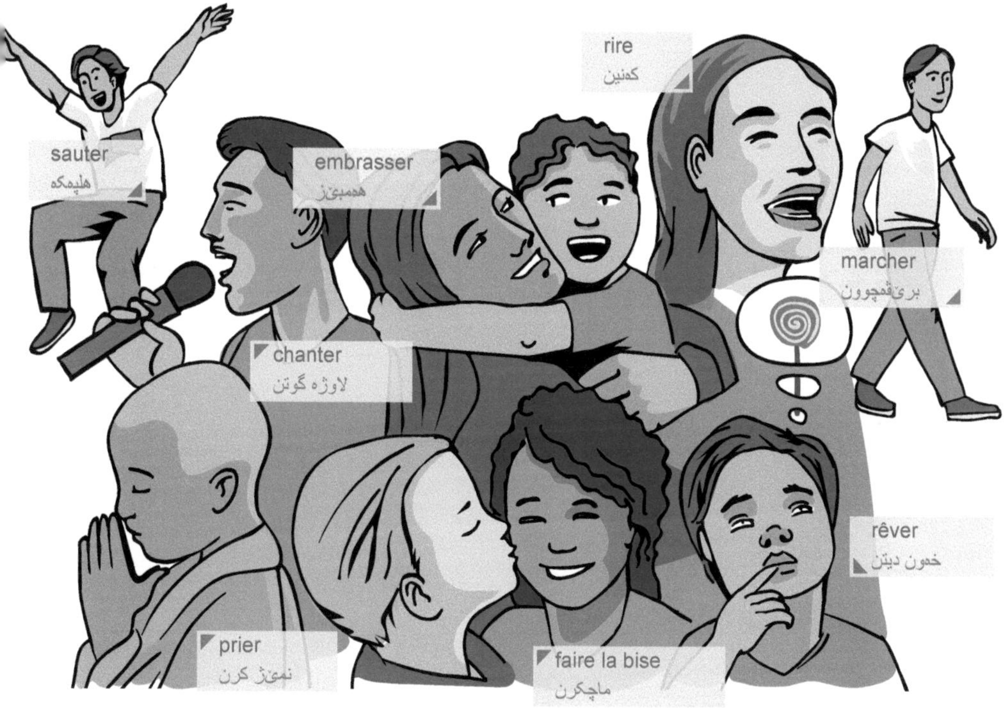

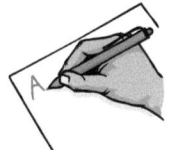

écrire

نڤیساندن

dessiner

نیگار کێشان

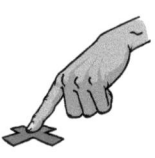

montrer

نیشان دان

pousser

پالدان

donner

دایین

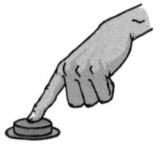

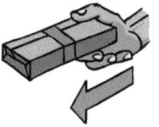

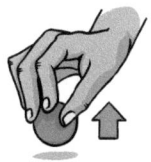

prendre

راکرن

avoir

هەبوون

faire

کردن

être

بوون

être debout

سمکنین

courir

بازدان

trier

کشاندن

jeter

ناقێتن

tomber

کەتن

être couché

دەرەوە کرن

attendre

سمکنین

porter

گوهەزتن

être assis

روونشتن

s'habiller

جل بەرکرن

dormir

رازان

se réveiller

رابوون

regarder

مۆزه کرن

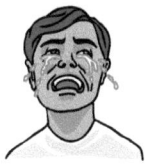

pleurer

گرین

caresser

جملته

peigner

شه کرن

parler

پەيڤين

comprendre

فامکرن

demander

پرسکرن

écouter

بهیستن

boire

ڤەخوارن

manger

خوارن

ranger

کۆم کرن

aimer

هەزکرن

cuire

خوارن چێکرن

conduire

ئاژۆتن

voler

فرین

faire de la voile

کەمشتیقانی

calculer

ھەسباندن

lire

خواندن

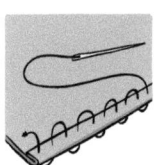

apprendre

ھێنبوون

travailler

کارکرن

se marier

زەوجین

coudre

درووتن

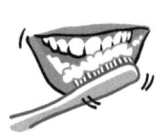

brosser les dents

ددان شووتن

tuer

کوشتن

fumer

دووخان

envoyer

شاندن

la famille

مالبات

a grand-mère
دادۍ

le grand-père
بابير

le père
پلار

la mère
مور

le bébé
ماشوم

la fille
لور

le fils
زوی

l'hôte
مېلمه/پاخون

la tante
ترور

l'oncle
تره/خال

le frère
ورور

la sœur
خور

le corps

بەدەن

le front
ئەنی
l'œil
چاڤ
l'épaule
مل
le doigt
تلی
le visage
ڕوو
le menton
زەنی
la main
دەست
la jambe
لنگ
la poitrine
سینگ
le bras
پیل

le bébé

بەبەک

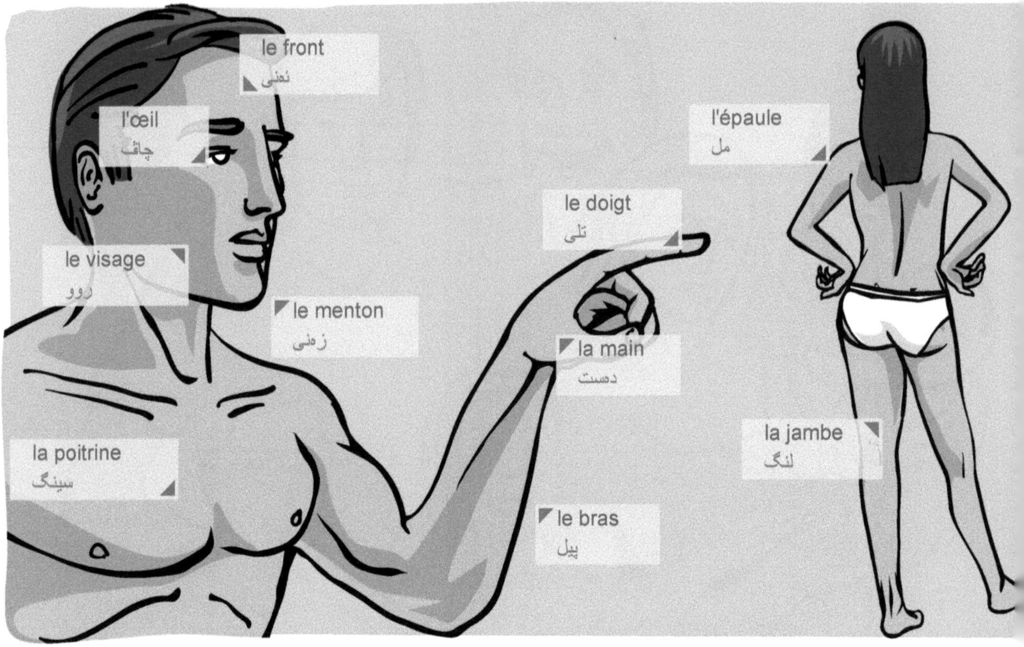

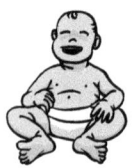

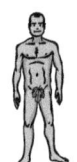

l'homme

مێر

la femme

ژن

la fille

کەچ

le garçon

کوڕ

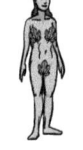

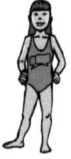

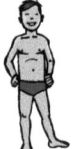

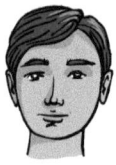

la tête

سەر

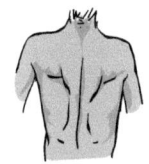

le dos

پشت

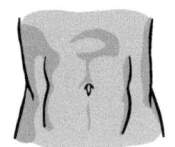

le ventre

زک

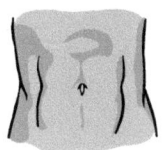

le nombril

ناف

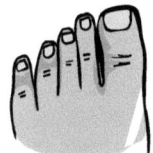

l'orteil

تلیبا پنی

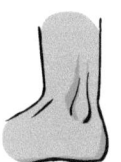

le talon

پانی

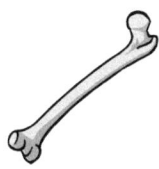

l'os

هستی

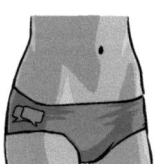

la hanche

کوولیمەک

le genou

ژوونی

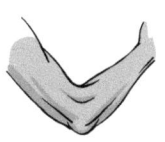

le coude

نەنیشک

le nez

دفن

les fesses

قوون

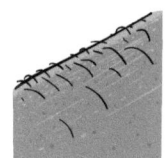

la peau

چەرم

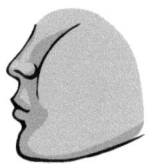

la joue

روو

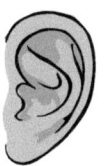

l'oreille

گروه

la lèvre

لێف

la bouche

دمف

la dent

دران

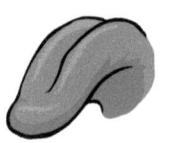

la langue

زمان

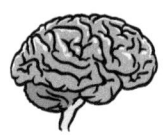

le cerveau

مێژی

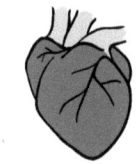

le cœur

دل

le muscle

ماسوول

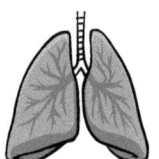

les poumons

جیگەرا سپی

le foie

جەگەر

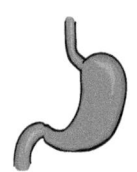

l'estomac

ماده

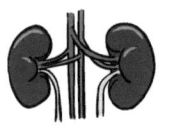

les reins

گوورچکان

le rapport sexuel

جۆتبوون

le préservatif

کۆندۆم

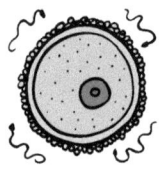

l'ovule

هێنک

le sperme

تۆڤ

la grossesse

دووجانی

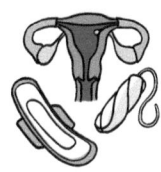

la menstruation

ناده

le vagin

قووز

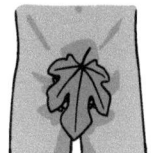

le pénis

كير

le sourcil

بروو

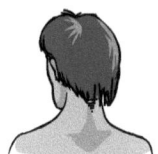

les cheveux

پۆر

le cou

هووستوو

l'hôpital

نەخۆشخانە

l'hôpital
نەخۆشخانە
l'ambulance
ئەرەبا نەخۆشان
le fauteuil roulant
ئەرەبۆکا کوولەکان
la fracture
شکەستە

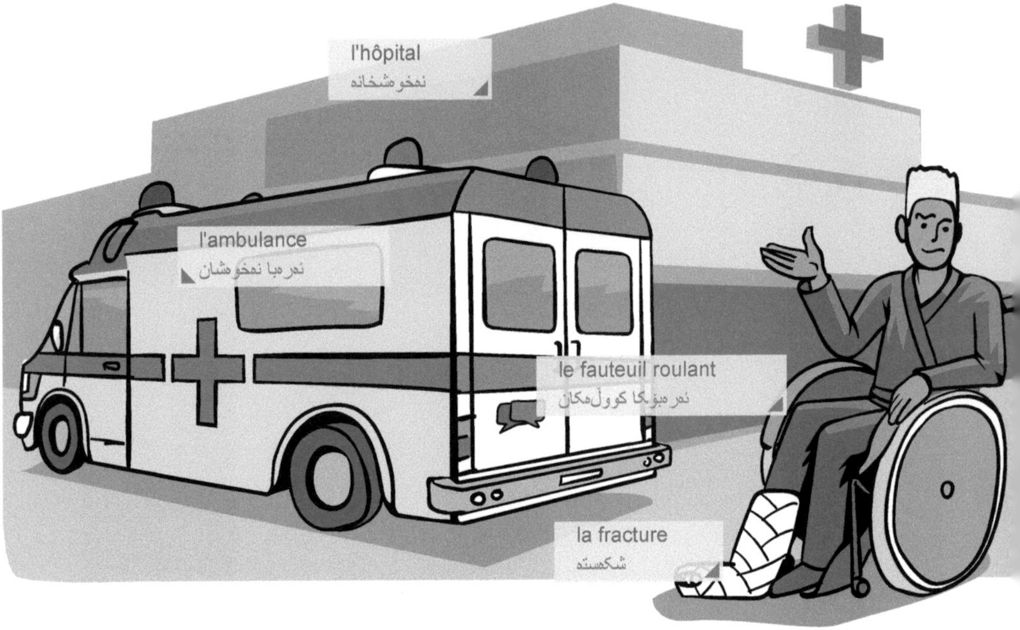

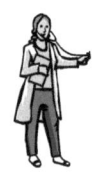

le médecin
....
بژیشک

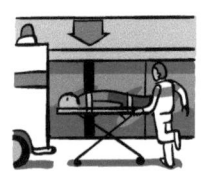

le service des urgences
....
ئۆدا لەزگینێ

l'infirmière
....
نەخۆشیار

l'urgence
....
ئاجیلییەت

inconscient
....
بێهای

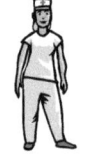

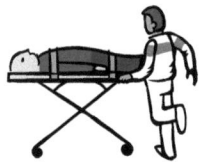

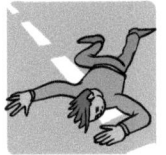

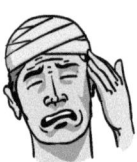

la douleur
....
ئێش

la blessure

برين

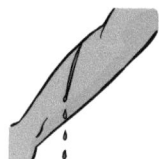

l'hémorragie

خوێنڕژان

la crise cardiaque

هێرشا دلی

l'attaque cérébrale

جەڵتە

l'allergie

نالەرژی

la toux

کوخک

la fièvre

تا

la grippe

زکام

la diarrhée

ناقچووین

le mal de tête

سەرێش

le cancer

قانسێر

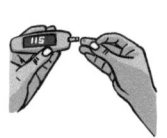

le diabète

نەخۆشیا شەکری

le chirurgien

ئەمەلیکار

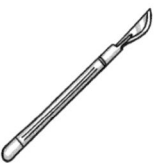

le scalpel

سکالپێڵ

l'opération

نەمەلی

le CT

جت

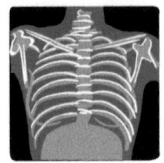

la radiographie

سوورەتێ رۆنتگێن

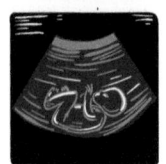

l'échographie

ئوولتراساوند

le masque

ماسكێ رووێی

la maladie

نەخوشى

la salle d'attente

ئۆدا سمكنينێ

la béquille

گۆجان

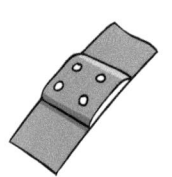

le pansement

شێل

le pansement

پاچێ برینپێچانێ

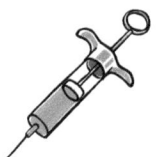

l'injection

دەرزى

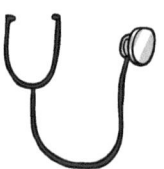

le stéthoscope

بيستۆكا پزيشكى

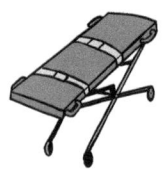

le brancard

داربەست

le thermomètre

تێهنپيڤا كلينيكێ

l'accouchement

زاين

la surcharge pondérale

قەلەو

l'appareil auditif

ناليكاريا بهيستنى

le désinfectant

باكتهريكوژ

l'infection

كۆتيبوون

le virus

فيرووس

le VIH / le sida

هف / نادس

le médicament

دەرمان

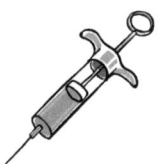

la vaccination

كوتان

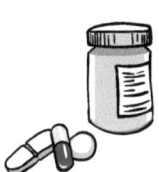

les comprimés

هەبان

la pilule

هەب

l'appel d'urgence

لەزگين

le tensiomètre

ديمەندەرى پەستۆ خوين

malade / sain

نمخوەش / ساخ

Au secours !

هەوار!

l'alarme

ئالارم

l'assaut

ئۆزریش

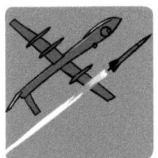

l'attaque

ئۆزریشكرن

le danger

تالووك

la sortie de secours

دەركەتنا ئاجل

Au feu!

ئاگر!

l'extincteur

ئاگر قەمراندنێ

l'accident

قەزا

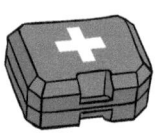

la trousse de premier
secours

ئالەتێن ئالیكاریا یەكەمە

SOS

سۆس

la police

پۆلیس

l'Europe

ئەوروپا

l'Amérique du Nord

ئامریكایا باكوور

l'Amérique du Sud

ئامریكایا باشوور

l'Afrique

ئافریكا

l'Asie

ئاسیا

l'Australie

ئاووسترالیا

l'Océan atlantique

ئاتلانتیک

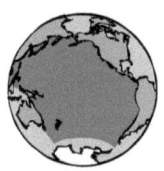

l'Océan pacifique

ئۆكیانووسا مەزن

l'Océan indien

ئۆكیانووسا هندی

l'Océan antarctique

ئۆكیانووسا ئانتاركتیكا

l'Océan arctique

ئۆكیانووسا ئاركتیک

le Pôle nord

جەمسەرا باكوور

le Pôle sud

جەمسمرا پاشوور

l'Antarctique

نانتاركتیكا

la terre

نەرد

le pays

ناخ

la mer

بەهر

l'île

دوورگە

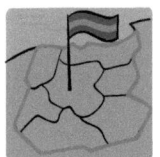

la nation

مألـلەت

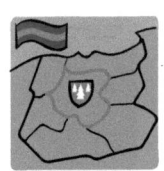

l'état

وەلات

le cadran

رووبینی ساعت

l'aiguille des heures

نیشاندەرکا دەمژمێر

l'aiguille des minutes

نیشاندەرکا دەقە

l'aiguille des secondes

نیشاندەرکا سانیە

Quelle heure est-il ?

سێعت چەندە؟

le jour

رۆژ

le temps

دەم

maintenant

نها

la montre digitale

ساعتی دیجیتال

la minute

دەقە

l'heure

سێعت

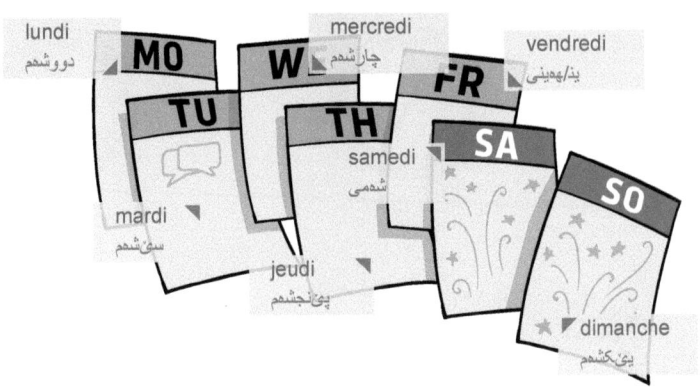

lundi
دووشەم
MO

mardi
سێشەم
TU

mercredi
چارشەم
W

jeudi
پێنجشەم
TH

vendredi
یەد/هەینی
FR

samedi
شەمی
SA

dimanche
یەکشەم
SO

hier

دوه

aujourd'hui

ئیرۆ

demain

سبەی

le matin

سبە

le midi

نیقرۆ

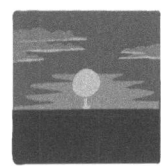

le soir

ئێوار

MO TU WE TH FR SA SU
1	2	3	4	5	6	7
8	9	10	11	12	13	14
15	16	17	18	19	20	21
22	23	24	25	26	27	28
29	30	31	1	2	3	4

les jours ouvrables

رۆژەن کارئ

MO TU WE TH FR SA SU
1	2	3	4	5	6	7
8	9	10	11	12	13	14
15	16	17	18	19	20	21
22	23	24	25	26	27	28
29	30	31	1	2	3	4

le week-end

داویا هەفتە

la pluie
باران

l'arc-en-ciel
كەسكەسۆر

le vent
با

la neige
بەفر

le printemps
بهار

l'automne
پاییز

l'été
هاوین

l'hiver
زستان

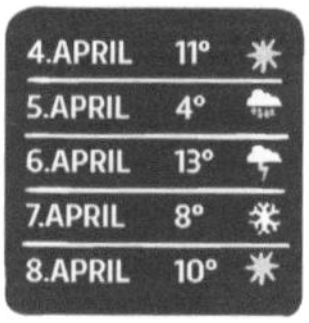

4.APRIL	11°	☀
5.APRIL	4°	☁
6.APRIL	13°	☂
7.APRIL	8°	❄
8.APRIL	10°	☀

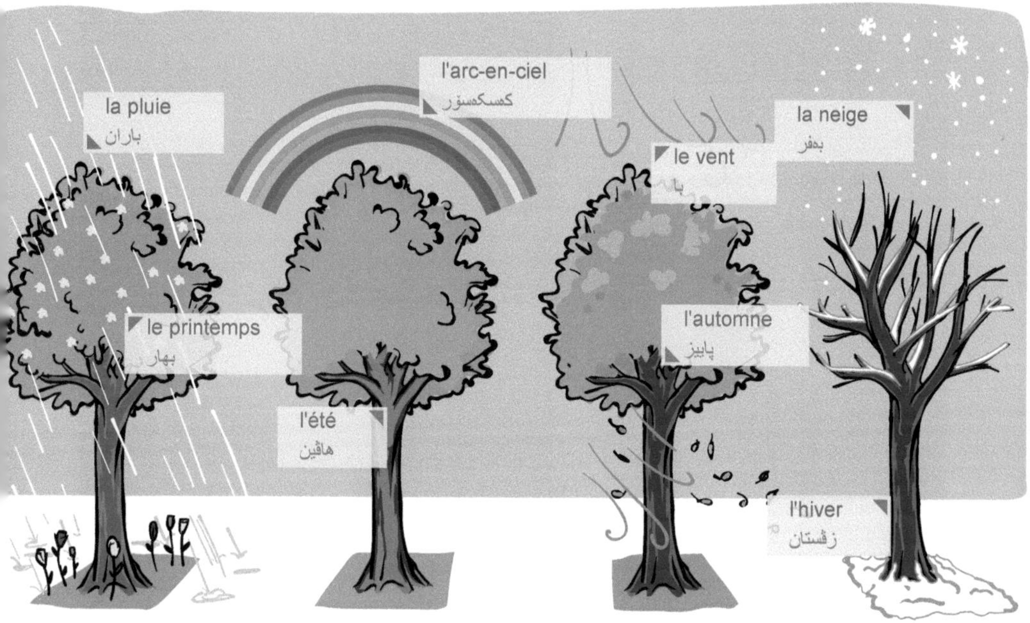

la météo

پێشبینییا هەوا

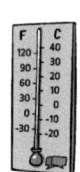

le thermomètre

تەرمۆمێتر

la lumière du soleil

تاڤ

le nuage

هەور

le brouillard

مژ

l'humidité

هێمی

la foudre

برق

la tonnerre

برووسک

la tempête

تۆفان

la grêle

تەرگ

la mousson

مانسوون

l'inondation

لەھی

la glace

جەمەد

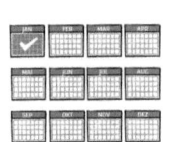

janvier

ڕێبەندان

février

رەشەمە

mars

نەورۆز

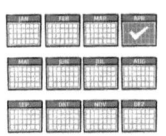

avril

گوڵان

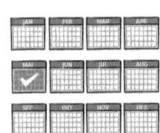

mai

جۆزەردان

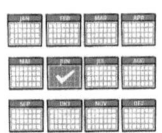

juin

پووشپەڕ

juillet

گەلاوێژ

août

خەرمانان

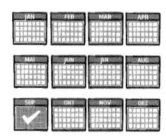

septembre

رەزبەر

octobre

کەوچێر

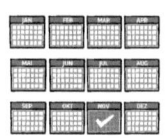

novembre

سەرماوەز

décembre

بەفرانبار

les formes

شێوه

le cercle

چەمبەر

le carré

چارچک

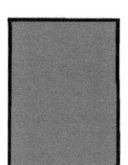

le rectangle

چارقۆزی

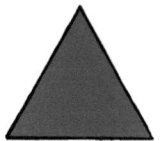

le triangle

سێقۆزی

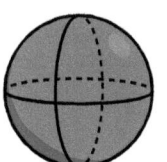

la sphère

قادا

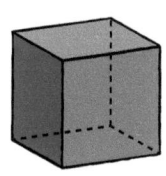

le cube

خشتەک

blanc

سپی

jaune

زەرد

orange

پرتەقالی

rose

پەمەیی

rouge

سوور

violet

مۆر

bleu

شین

vert

کەسک

marron

قەهوەیی

gris

گەور

noir

رەش

beaucoup / peu

زۆر / کەم

fâché / calme

ب هێرس / بێدەنگ

joli / laid

بەدو / نەرند

le début / la fin

دەستپێک / داوی

grand / petit

مەزن / بچووک

clair / obscure

رۆنی / تاری

frère / soeur

براک / خوشک

propre / sale

پاکگر / گرێژ

complet / incomplet

تەڤی / نەتەمام

le jour / la nuit

رۆژ / شەڤ

mort / vivant

مری / زندی

large / étroit

فرە / تەنگ

comestible / incomestible

خوش / نمخوش

méchant / gentil

نمباش / باش

excité / ennuyé

ب هیجمان / ناجز

gros / mince

قملمو / زراف

le premier / le dernier

یمکممین / داوین

l'ami / l'ennemi

همڅال / دژمن

plein / vide

تژی / څالا

dur / souple

رمق / نرمم

lourd / léger

گران / سڅک

faim / soif

برچی / تینی

malade / sain

نمخوش / ساخ

illégal / légal

نمقانوونی / قانوونی

intelligent / stupide

رموشمنبیر / بالوولھ

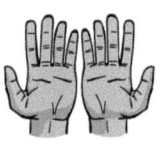

gauche / droite

چپ / راست

proche / loin

نږدی / دوور

nouveau / usé

نوو / بکارهاتی

rien / quelque chose

هیچ / تشتمک

vieux / jeune

کال / جوان

marche / arrêt

ل / ژ

ouvert / fermé

قمکری / گرتی

faible / fort

نارام / دهنگبلند

riche / pauvre

دهولهمهند / رهبن

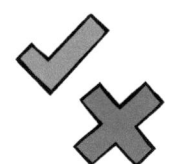

correct / incorrect

راست / شاش

rugueux / lisse

در / هلوو

triste / heureux

خهمگین / شا

court / long

کورت / دریژ

lent / rapide

هۆدی / زوو

mouillé / sec

شل / زوا

chaud / froid

گەرم / هۆنک

la guerre / la paix

شەر / ئاشتی

بەرامبەران - **les oppositions**   87

0 — zéro — سفر

1 — un / une — یەک

2 — deux — دوو

3 — trois — سێ

4 — quatre — چار

5 — cinq — پێنج

6 — six — شەش

7 — sept — حەفت

8 — huit — هەشت

9 — neuf — نۆ

10 — dix — دە

11 — onze — یازده

12

douze

دازده

13

treize

سیزده

14

quatorze

چارده

15

quinze

پازده

16

seize

شازده

17

dix-sept

همقده

18

dix-huit

همژده

19

dix-neuf

نۆزدمه

20

vingt

بیست

100

cent

سمد

1.000

mille

همزار

1.000.000

le million

ملیۆن

l'anglais

ئینگلیزی

l'anglais américain

ئینگلیزی یا ئامەریکی

le chinois mandarin

چینی ماندارین

le hindi

هیندی

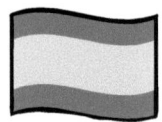

l'espagnol

ئیسپانیۆلی

le français

فەرەنسی

l'arabe

عەرەبی

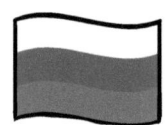

le russe

رووسی

le portugais

پۆرتوگالی

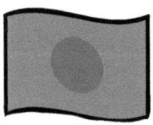

le bengali

بەنگالی

l'allemand

ئەلمانی

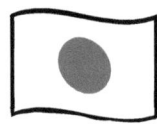

le japonais

ژاپۆنی

je

من

tu

تو

il / elle / ce, c', cela

ئەو / ئەڤ / ئەو

nous

ئێمە

vous

تو

ils / elles

ئەو

Qui ?

کی؟

Quoi ?

چ؟

Comment ?

چاوا؟

Où ?

کیدەرێ؟

Quand ?

کەنگی؟

le nom

ناڤ

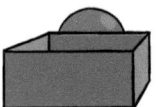

derrière

پښتی

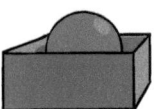

dans

devant

پوښتی

au-dessus

سهر

sur

سهر

en-dessous

بن

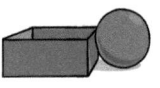

à côté de

کینلمک

entre

ناڅیدر

le lieu

جه